Date: ....

Notes: _____

_____

_____

_____

_____

_____

_____

_____

_____

_____

_____

_____

_____

_____

_____

_____

_____

_____

_____

_____

_____

_____

_____

_____

MW00618823

Subject	ASSIGNMENTS
	○ ——————————— ○ ———————————
	○ ——————————— ○ ———————————
	○ ——————————— ○ ———————————
	○ ——————————— ○ ———————————
	○ ——————————— ○ ———————————
	○ ——————————— ○ ———————————
	○ ——————————— ○ ———————————
	○ ——————————— ○ ———————————
	○ ——————————— ○ ———————————
	○ ——————————— ○ ———————————

Date: .... **Homework Planner**

Notes: ─────────────────────────────────

Homework Planner

Subject	ASSIGNMENTS
	○ ——————————————— ○ ———————————————
	○ ——————————————— ○ ———————————————
	○ ——————————————— ○ ———————————————
	○ ——————————————— ○ ———————————————
	○ ——————————————— ○ ———————————————
	○ ——————————————— ○ ———————————————
	○ ——————————————— ○ ———————————————
	○ ——————————————— ○ ———————————————
	○ ——————————————— ○ ———————————————
	○ ——————————————— ○ ———————————————

Date: .... **Homework Planner**

Notes: _____

_____

_____

_____

_____

_____

_____

_____

_____

_____

_____

_____

_____

_____

_____

_____

_____

_____

_____

_____

_____

_____

_____

_____

Date: .... **Homework Planner**

Subject	ASSIGNMENTS
	○ ————————————————— ○ —————————————————
	○ ————————————————— ○ —————————————————
	○ ————————————————— ○ —————————————————
	○ ————————————————— ○ —————————————————
	○ ————————————————— ○ —————————————————
	○ ————————————————— ○ —————————————————
	○ ————————————————— ○ —————————————————
	○ ————————————————— ○ —————————————————
	○ ————————————————— ○ —————————————————
	○ ————————————————— ○ —————————————————

Date: .... **Homework Planner**

Notes: _____

_____

_____

_____

_____

_____

_____

_____

_____

_____

_____

_____

_____

_____

_____

_____

_____

_____

_____

_____

_____

_____

_____

_____

Date: .... **Homework Planner**

Subject	ASSIGNMENTS
	○ ————————————————
	○ ————————————————
	○ ————————————————
	○ ————————————————
	○ ————————————————
	○ ————————————————
	○ ————————————————
	○ ————————————————
	○ ————————————————
	○ ————————————————
	○ ————————————————
	○ ————————————————
	○ ————————————————
	○ ————————————————
	○ ————————————————
	○ ————————————————
	○ ————————————————
	○ ————————————————

Date: .... **Homework Planner**

Notes: _____

_____

_____

_____

_____

_____

_____

_____

_____

_____

_____

_____

_____

_____

_____

_____

_____

_____

_____

_____

_____

_____

_____

_____

_____

_____

Date: .... **Homework Planner**

Subject	ASSIGNMENTS
	○ ———————————————
	○ ———————————————
	○ ———————————————
	○ ———————————————
	○ ———————————————
	○ ———————————————
	○ ———————————————
	○ ———————————————
	○ ———————————————
	○ ———————————————
	○ ———————————————
	○ ———————————————
	○ ———————————————
	○ ———————————————
	○ ———————————————
	○ ———————————————
	○ ———————————————
	○ ———————————————

Date: .... **Homework Planner**

Notes: _____

_____

_____

_____

_____

_____

_____

_____

_____

_____

_____

_____

_____

_____

_____

_____

_____

_____

_____

_____

_____

_____

_____

_____

_____

Date: .... **Homework Planner**

Subject	ASSIGNMENTS
	○ ————————————— ○ —————————————
	○ ————————————— ○ —————————————
	○ ————————————— ○ —————————————
	○ ————————————— ○ —————————————
	○ ————————————— ○ —————————————
	○ ————————————— ○ —————————————
	○ ————————————— ○ —————————————
	○ ————————————— ○ —————————————
	○ ————————————— ○ —————————————
	○ ————————————— ○ —————————————

Date: .... **Homework Planner**

Notes: _____

_____

_____

_____

_____

_____

_____

_____

_____

_____

_____

_____

_____

_____

_____

_____

_____

_____

_____

_____

_____

_____

_____

_____

_____

Date: .... **Homework Planner**

Subject	ASSIGNMENTS
	○ ————————— ○ —————————
	○ ————————— ○ —————————
	○ ————————— ○ —————————
	○ ————————— ○ —————————
	○ ————————— ○ —————————
	○ ————————— ○ —————————
	○ ————————— ○ —————————
	○ ————————— ○ —————————
	○ ————————— ○ —————————
	○ ————————— ○ —————————

Date: .... **Homework Planner**

Notes: _____

Date: .... **Homework Planner**

Subject	ASSIGNMENTS
	○ —————————————— ○ ——————————————
	○ —————————————— ○ ——————————————
	○ —————————————— ○ ——————————————
	○ —————————————— ○ ——————————————
	○ —————————————— ○ ——————————————
	○ —————————————— ○ ——————————————
	○ —————————————— ○ ——————————————
	○ —————————————— ○ ——————————————
	○ —————————————— ○ ——————————————

Date: .... **Homework Planner**

Notes: _____

_____

_____

_____

_____

_____

_____

_____

_____

_____

_____

_____

_____

_____

_____

_____

_____

_____

_____

_____

_____

_____

_____

_____

_____

_____

_____

_____

_____

Date: .... **Homework Planner**

Subject	ASSIGNMENTS
	○ ——————————————
	○ ——————————————
	○ ——————————————
	○ ——————————————
	○ ——————————————
	○ ——————————————
	○ ——————————————
	○ ——————————————
	○ ——————————————
	○ ——————————————
	○ ——————————————
	○ ——————————————
	○ ——————————————
	○ ——————————————
	○ ——————————————
	○ ——————————————
	○ ——————————————
	○ ——————————————
	○ ——————————————
	○ ——————————————

Date: .... **Homework Planner**

Notes: _____

_____

_____

_____

_____

_____

_____

_____

_____

_____

_____

_____

_____

_____

_____

_____

_____

_____

_____

_____

_____

_____

_____

_____

_____

_____

Date: .... **Homework Planner**

Subject	ASSIGNMENTS
	○ ————————————————————
	○ ————————————————————
	○ ————————————————————
	○ ————————————————————
	○ ————————————————————
	○ ————————————————————
	○ ————————————————————
	○ ————————————————————
	○ ————————————————————
	○ ————————————————————
	○ ————————————————————
	○ ————————————————————
	○ ————————————————————
	○ ————————————————————
	○ ————————————————————
	○ ————————————————————
	○ ————————————————————
	○ ————————————————————
	○ ————————————————————
	○ ————————————————————

Date: .... **Homework Planner**

Notes: _____

_____

_____

_____

_____

_____

_____

_____

_____

_____

_____

_____

_____

_____

_____

_____

_____

_____

_____

_____

_____

_____

_____

_____

Date: .... **Homework Planner**

Subject	ASSIGNMENTS
	○ ——————————————————— ○ ———————————————————
	○ ——————————————————— ○ ———————————————————
	○ ——————————————————— ○ ———————————————————
	○ ——————————————————— ○ ———————————————————
	○ ——————————————————— ○ ———————————————————
	○ ——————————————————— ○ ———————————————————
	○ ——————————————————— ○ ———————————————————
	○ ——————————————————— ○ ———————————————————
	○ ——————————————————— ○ ———————————————————
	○ ——————————————————— ○ ———————————————————

Date: .... **Homework Planner**

Notes: _____

Date: .... **Homework Planner**

Subject	ASSIGNMENTS
	○ —————————————— ○ ——————————————
	○ —————————————— ○ ——————————————
	○ —————————————— ○ ——————————————
	○ —————————————— ○ ——————————————
	○ —————————————— ○ ——————————————
	○ —————————————— ○ ——————————————
	○ —————————————— ○ ——————————————
	○ —————————————— ○ ——————————————
	○ —————————————— ○ ——————————————
	○ —————————————— ○ ——————————————

Date: .... **Homework Planner**

Notes: _____

_____

_____

_____

_____

_____

_____

_____

_____

_____

_____

_____

_____

_____

_____

_____

_____

_____

_____

_____

_____

_____

_____

Date: .... **Homework Planner**

Subject	ASSIGNMENTS
	○ ———————————————————
	○ ———————————————————
	○ ———————————————————
	○ ———————————————————
	○ ———————————————————
	○ ———————————————————
	○ ———————————————————
	○ ———————————————————
	○ ———————————————————
	○ ———————————————————
	○ ———————————————————
	○ ———————————————————
	○ ———————————————————
	○ ———————————————————
	○ ———————————————————
	○ ———————————————————
	○ ———————————————————
	○ ———————————————————
	○ ———————————————————
	○ ———————————————————

Date: .... **Homework Planner**

Notes: _____

_____

_____

_____

_____

_____

_____

_____

_____

_____

_____

_____

_____

_____

_____

_____

_____

_____

_____

_____

_____

_____

_____

_____

_____

_____

_____

Date: .... **Homework Planner**

Subject	ASSIGNMENTS
	○ ———————————— ○ ————————————
	○ ———————————— ○ ————————————
	○ ———————————— ○ ————————————
	○ ———————————— ○ ————————————
	○ ———————————— ○ ————————————
	○ ———————————— ○ ————————————
	○ ———————————— ○ ————————————
	○ ———————————— ○ ————————————
	○ ———————————— ○ ————————————
	○ ———————————— ○ ————————————

Date: .... **Homework Planner**

Notes: _____

_____

_____

_____

_____

_____

_____

_____

_____

_____

_____

_____

_____

_____

_____

_____

_____

_____

_____

_____

_____

_____

_____

_____

Date: .... **Homework Planner**

Subject	ASSIGNMENTS
	○ ——————————————— ○ ———————————————
	○ ——————————————— ○ ———————————————
	○ ——————————————— ○ ———————————————
	○ ——————————————— ○ ———————————————
	○ ——————————————— ○ ———————————————
	○ ——————————————— ○ ———————————————
	○ ——————————————— ○ ———————————————
	○ ——————————————— ○ ———————————————
	○ ——————————————— ○ ———————————————
	○ ——————————————— ○ ———————————————

Date: .... **Homework Planner**

Notes: ——————————————————————————————————

——————————————————————————————————————
——————————————————————————————————————
——————————————————————————————————————
——————————————————————————————————————
——————————————————————————————————————
——————————————————————————————————————
——————————————————————————————————————
——————————————————————————————————————
——————————————————————————————————————
——————————————————————————————————————
——————————————————————————————————————
——————————————————————————————————————
——————————————————————————————————————
——————————————————————————————————————
——————————————————————————————————————
——————————————————————————————————————
——————————————————————————————————————
——————————————————————————————————————
——————————————————————————————————————
——————————————————————————————————————
——————————————————————————————————————
——————————————————————————————————————
——————————————————————————————————————

Date: .... **Homework Planner**

Subject	ASSIGNMENTS
	◯ ————————————
	◯ ————————————
	◯ ————————————
	◯ ————————————
	◯ ————————————
	◯ ————————————
	◯ ————————————
	◯ ————————————
	◯ ————————————
	◯ ————————————
	◯ ————————————
	◯ ————————————
	◯ ————————————
	◯ ————————————
	◯ ————————————
	◯ ————————————
	◯ ————————————
	◯ ————————————
	◯ ————————————
	◯ ————————————

Date: .... **Homework Planner**

Notes: _____

_____

_____

_____

_____

_____

_____

_____

_____

_____

_____

_____

_____

_____

_____

_____

_____

_____

_____

_____

_____

_____

_____

Date: .... **Homework Planner**

Subject	ASSIGNMENTS
	○ —————————————— ○ ——————————————
	○ —————————————— ○ ——————————————
	○ —————————————— ○ ——————————————
	○ —————————————— ○ ——————————————
	○ —————————————— ○ ——————————————
	○ —————————————— ○ ——————————————
	○ —————————————— ○ ——————————————
	○ —————————————— ○ ——————————————
	○ —————————————— ○ ——————————————
	○ —————————————— ○ ——————————————

Date: .... **Homework Planner**

Notes: _____

Date: .... **Homework Planner**

Subject	ASSIGNMENTS
	○ ————————————— ○ —————————————
	○ ————————————— ○ —————————————
	○ ————————————— ○ —————————————
	○ ————————————— ○ —————————————
	○ ————————————— ○ —————————————
	○ ————————————— ○ —————————————
	○ ————————————— ○ —————————————
	○ ————————————— ○ —————————————
	○ ————————————— ○ —————————————
	○ ————————————— ○ —————————————

Date: .... **Homework Planner**

Notes: _____

_____

_____

_____

_____

_____

_____

_____

_____

_____

_____

_____

_____

_____

_____

_____

_____

_____

_____

_____

_____

_____

_____

_____

_____

_____

Date: .... **Homework Planner**

Subject	ASSIGNMENTS
	○ ───────────
	○ ───────────
	○ ───────────
	○ ───────────
	○ ───────────
	○ ───────────
	○ ───────────
	○ ───────────
	○ ───────────
	○ ───────────
	○ ───────────
	○ ───────────
	○ ───────────
	○ ───────────
	○ ───────────
	○ ───────────
	○ ───────────
	○ ───────────
	○ ───────────
	○ ───────────

Date: .... **Homework Planner**

Notes: _____

_____

_____

_____

_____

_____

_____

_____

_____

_____

_____

_____

_____

_____

_____

_____

_____

_____

_____

_____

_____

_____

_____

_____

_____

_____

Date: .... **Homework Planner**

Subject	ASSIGNMENTS
	○ —————————————————————— ○ ———————————————————————
	○ —————————————————————— ○ ———————————————————————
	○ —————————————————————— ○ ———————————————————————
	○ —————————————————————— ○ ———————————————————————
	○ —————————————————————— ○ ———————————————————————
	○ —————————————————————— ○ ———————————————————————
	○ —————————————————————— ○ ———————————————————————
	○ —————————————————————— ○ ———————————————————————
	○ —————————————————————— ○ ———————————————————————
	○ —————————————————————— ○ ———————————————————————

Date: .... **Homework Planner**

Notes: _____

_____

_____

_____

_____

_____

_____

_____

_____

_____

_____

_____

_____

_____

_____

_____

_____

_____

_____

_____

_____

_____

_____

_____

Date: .... **Homework Planner**

Subject	ASSIGNMENTS
	○ ——————————————— ○ ———————————————
	○ ——————————————— ○ ———————————————
	○ ——————————————— ○ ———————————————
	○ ——————————————— ○ ———————————————
	○ ——————————————— ○ ———————————————
	○ ——————————————— ○ ———————————————
	○ ——————————————— ○ ———————————————
	○ ——————————————— ○ ———————————————
	○ ——————————————— ○ ———————————————
	○ ——————————————— ○ ———————————————

Date: .... **Homework Planner**

Notes: _____

_____

_____

_____

_____

_____

_____

_____

_____

_____

_____

_____

_____

_____

_____

_____

_____

_____

_____

_____

_____

_____

_____

Date: .... **Homework Planner**

Subject	ASSIGNMENTS
	○ ——————————————————— ○ ———————————————————
	○ ——————————————————— ○ ———————————————————
	○ ——————————————————— ○ ———————————————————
	○ ——————————————————— ○ ———————————————————
	○ ——————————————————— ○ ———————————————————
	○ ——————————————————— ○ ———————————————————
	○ ——————————————————— ○ ———————————————————
	○ ——————————————————— ○ ———————————————————
	○ ——————————————————— ○ ———————————————————

Date: .... **Homework Planner**

Notes: _____

Date: .... **Homework Planner**

Subject	ASSIGNMENTS
	○ ———————————————————————— ○ ————————————————————————
	○ ———————————————————————— ○ ————————————————————————
	○ ———————————————————————— ○ ————————————————————————
	○ ———————————————————————— ○ ————————————————————————
	○ ———————————————————————— ○ ————————————————————————
	○ ———————————————————————— ○ ————————————————————————
	○ ———————————————————————— ○ ————————————————————————
	○ ———————————————————————— ○ ————————————————————————
	○ ———————————————————————— ○ ————————————————————————
	○ ———————————————————————— ○ ————————————————————————

Date: .... **Homework Planner**

Notes: _____

_____

_____

_____

_____

_____

_____

_____

_____

_____

_____

_____

_____

_____

_____

_____

_____

_____

_____

_____

_____

_____

_____

_____

_____

Date: .... **Homework Planner**

Subject	ASSIGNMENTS
	○ ————————————— ○ —————————————
	○ ————————————— ○ —————————————
	○ ————————————— ○ —————————————
	○ ————————————— ○ —————————————
	○ ————————————— ○ —————————————
	○ ————————————— ○ —————————————
	○ ————————————— ○ —————————————
	○ ————————————— ○ —————————————
	○ ————————————— ○ —————————————
	○ ————————————— ○ —————————————

Date: .... **Homework Planner**

Notes: _____

_____

_____

_____

_____

_____

_____

_____

_____

_____

_____

_____

_____

_____

_____

_____

_____

_____

_____

_____

_____

_____

_____

_____

_____

Date: .... **Homework Planner**

Subject	ASSIGNMENTS
	○ —————————————— ○ ——————————————
	○ —————————————— ○ ——————————————
	○ —————————————— ○ ——————————————
	○ —————————————— ○ ——————————————
	○ —————————————— ○ ——————————————
	○ —————————————— ○ ——————————————
	○ —————————————— ○ ——————————————
	○ —————————————— ○ ——————————————
	○ —————————————— ○ ——————————————

Date: .... **Homework Planner**

Notes: _____

Date: .... **Homework Planner**

Subject	ASSIGNMENTS
	⭕ ———————————————— ⭕ ————————————————
	⭕ ———————————————— ⭕ ————————————————
	⭕ ———————————————— ⭕ ————————————————
	⭕ ———————————————— ⭕ ————————————————
	⭕ ———————————————— ⭕ ————————————————
	⭕ ———————————————— ⭕ ————————————————
	⭕ ———————————————— ⭕ ————————————————
	⭕ ———————————————— ⭕ ————————————————
	⭕ ———————————————— ⭕ ————————————————
	⭕ ———————————————— ⭕ ————————————————

Date: .... **Homework Planner**

Notes: _____

_____

_____

_____

_____

_____

_____

_____

_____

_____

_____

_____

_____

_____

_____

_____

_____

_____

_____

_____

_____

_____

_____

_____

Subject	ASSIGNMENTS
	○ ————————————————
	○ ————————————————
	○ ————————————————
	○ ————————————————
	○ ————————————————
	○ ————————————————
	○ ————————————————
	○ ————————————————
	○ ————————————————
	○ ————————————————
	○ ————————————————
	○ ————————————————
	○ ————————————————
	○ ————————————————
	○ ————————————————
	○ ————————————————
	○ ————————————————
	○ ————————————————

Date: .... **Homework Planner**

Notes: _____

_____

_____

_____

_____

_____

_____

_____

_____

_____

_____

_____

_____

_____

_____

_____

_____

_____

_____

_____

_____

_____

_____

_____

Date: .... **Homework** **Planner**

Subject	ASSIGNMENTS
	○ ——————————————— ○ ———————————————
	○ ——————————————— ○ ———————————————
	○ ——————————————— ○ ———————————————
	○ ——————————————— ○ ———————————————
	○ ——————————————— ○ ———————————————
	○ ——————————————— ○ ———————————————
	○ ——————————————— ○ ———————————————
	○ ——————————————— ○ ———————————————
	○ ——————————————— ○ ———————————————
	○ ——————————————— ○ ———————————————

Date: .... **Homework Planner**

Notes: _____

_____

_____

_____

_____

_____

_____

_____

_____

_____

_____

_____

_____

_____

_____

_____

_____

_____

_____

_____

_____

_____

_____

_____

_____

_____

_____

_____

_____

Date: .... **Homework Planner**

Subject	ASSIGNMENTS
	○ ——————————————— ○ ———————————————
	○ ——————————————— ○ ———————————————
	○ ——————————————— ○ ———————————————
	○ ——————————————— ○ ———————————————
	○ ——————————————— ○ ———————————————
	○ ——————————————— ○ ———————————————
	○ ——————————————— ○ ———————————————
	○ ——————————————— ○ ———————————————
	○ ——————————————— ○ ———————————————
	○ ——————————————— ○ ———————————————

Date: .... **Homework Planner**

Notes: _____

_____
_____
_____
_____
_____
_____
_____
_____
_____
_____
_____
_____
_____
_____
_____
_____
_____
_____
_____
_____
_____
_____
_____
_____

Date: .... **Homework Planner**

Subject	ASSIGNMENTS
	○ ——————————— ○ ———————————
	○ ——————————— ○ ———————————
	○ ——————————— ○ ———————————
	○ ——————————— ○ ———————————
	○ ——————————— ○ ———————————
	○ ——————————— ○ ———————————
	○ ——————————— ○ ———————————
	○ ——————————— ○ ———————————
	○ ——————————— ○ ———————————
	○ ——————————— ○ ———————————

Date: .... **Homework Planner**

Notes: _____

_____

_____

_____

_____

_____

_____

_____

_____

_____

_____

_____

_____

_____

_____

_____

_____

_____

_____

_____

_____

_____

_____

_____

_____

Date: .... **Homework Planner**

Subject	ASSIGNMENTS
	○ ——————————— ○ ———————————
	○ ——————————— ○ ———————————
	○ ——————————— ○ ———————————
	○ ——————————— ○ ———————————
	○ ——————————— ○ ———————————
	○ ——————————— ○ ———————————
	○ ——————————— ○ ———————————
	○ ——————————— ○ ———————————
	○ ——————————— ○ ———————————
	○ ——————————— ○ ———————————

Date: .... **Homework Planner**

Notes: _____

_____

_____

_____

_____

_____

_____

_____

_____

_____

_____

_____

_____

_____

_____

_____

_____

_____

_____

_____

_____

_____

_____

_____

Date: .... **Homework Planner**

Subject	ASSIGNMENTS
	○ ——————————————— ○ ———————————————
	○ ——————————————— ○ ———————————————
	○ ——————————————— ○ ———————————————
	○ ——————————————— ○ ———————————————
	○ ——————————————— ○ ———————————————
	○ ——————————————— ○ ———————————————
	○ ——————————————— ○ ———————————————
	○ ——————————————— ○ ———————————————
	○ ——————————————— ○ ———————————————
	○ ——————————————— ○ ———————————————

Date: .... **Homework Planner**

Notes: _____

Date: .... **Homework Planner**

Subject	ASSIGNMENTS
	◯ —————————— ◯ ——————————
	◯ —————————— ◯ ——————————
	◯ —————————— ◯ ——————————
	◯ —————————— ◯ ——————————
	◯ —————————— ◯ ——————————
	◯ —————————— ◯ ——————————
	◯ —————————— ◯ ——————————
	◯ —————————— ◯ ——————————
	◯ —————————— ◯ ——————————
	◯ —————————— ◯ ——————————

Date: .... **Homework Planner**

Notes: _____
_____
_____
_____
_____
_____
_____
_____
_____
_____
_____
_____
_____
_____
_____
_____
_____
_____
_____
_____
_____
_____
_____
_____
_____
_____

Date: .... **Homework Planner**

Subject	ASSIGNMENTS
	○ ———————————————
	○ ———————————————
	○ ———————————————
	○ ———————————————
	○ ———————————————
	○ ———————————————
	○ ———————————————
	○ ———————————————
	○ ———————————————
	○ ———————————————
	○ ———————————————
	○ ———————————————
	○ ———————————————
	○ ———————————————
	○ ———————————————
	○ ———————————————
	○ ———————————————
	○ ———————————————
	○ ———————————————
	○ ———————————————

Date: .... **Homework Planner**

Notes: _____

Date: .... **Homework Planner**

Subject	ASSIGNMENTS
	○ ———————————————— ○ ————————————————
	○ ———————————————— ○ ————————————————
	○ ———————————————— ○ ————————————————
	○ ———————————————— ○ ————————————————
	○ ———————————————— ○ ————————————————
	○ ———————————————— ○ ————————————————
	○ ———————————————— ○ ————————————————
	○ ———————————————— ○ ————————————————
	○ ———————————————— ○ ————————————————
	○ ———————————————— ○ ————————————————

Date: .... **Homework Planner**

Notes: —————————————————————————————

Date: .... **Homework Planner**

Subject	ASSIGNMENTS
	○ ——————————————— ○ ———————————————
	○ ——————————————— ○ ———————————————
	○ ——————————————— ○ ———————————————
	○ ——————————————— ○ ———————————————
	○ ——————————————— ○ ———————————————
	○ ——————————————— ○ ———————————————
	○ ——————————————— ○ ———————————————
	○ ——————————————— ○ ———————————————
	○ ——————————————— ○ ———————————————
	○ ——————————————— ○ ———————————————

Date: .... **Homework Planner**

Notes: _____

_____

_____

_____

_____

_____

_____

_____

_____

_____

_____

_____

_____

_____

_____

_____

_____

_____

_____

_____

_____

_____

_____

_____

_____

_____

_____

_____

Date: .... **Homework Planner**

Subject	ASSIGNMENTS
	○ ——————————————————— ○ ———————————————————
	○ ——————————————————— ○ ———————————————————
	○ ——————————————————— ○ ———————————————————
	○ ——————————————————— ○ ———————————————————
	○ ——————————————————— ○ ———————————————————
	○ ——————————————————— ○ ———————————————————
	○ ——————————————————— ○ ———————————————————
	○ ——————————————————— ○ ———————————————————
	○ ——————————————————— ○ ———————————————————
	○ ——————————————————— ○ ———————————————————

Date: .... **Homework Planner**

Notes: _____

_____

_____

_____

_____

_____

_____

_____

_____

_____

_____

_____

_____

_____

_____

_____

_____

_____

_____

_____

_____

_____

_____

_____

_____

Date: .... **Homework Planner**

Subject	ASSIGNMENTS
	○ ——————————————————— ○ ———————————————————
	○ ——————————————————— ○ ———————————————————
	○ ——————————————————— ○ ———————————————————
	○ ——————————————————— ○ ———————————————————
	○ ——————————————————— ○ ———————————————————
	○ ——————————————————— ○ ———————————————————
	○ ——————————————————— ○ ———————————————————
	○ ——————————————————— ○ ———————————————————
	○ ——————————————————— ○ ———————————————————
	○ ——————————————————— ○ ———————————————————

Date: .... **Homework Planner**

Notes: _____

Date: .... **Homework Planner**

Subject	ASSIGNMENTS
	○ ——————————— ○ ———————————
	○ ——————————— ○ ———————————
	○ ——————————— ○ ———————————
	○ ——————————— ○ ———————————
	○ ——————————— ○ ———————————
	○ ——————————— ○ ———————————
	○ ——————————— ○ ———————————
	○ ——————————— ○ ———————————
	○ ——————————— ○ ———————————
	○ ——————————— ○ ———————————

Date: .... **Homework Planner**

Notes: _____

_____

_____

_____

_____

_____

_____

_____

_____

_____

_____

_____

_____

_____

_____

_____

_____

_____

_____

_____

_____

_____

_____

Date: .... **Homework Planner**

Subject	ASSIGNMENTS
	○ ———————————— ○ ————————————
	○ ———————————— ○ ————————————
	○ ———————————— ○ ————————————
	○ ———————————— ○ ————————————
	○ ———————————— ○ ————————————
	○ ———————————— ○ ————————————
	○ ———————————— ○ ————————————
	○ ———————————— ○ ————————————
	○ ———————————— ○ ————————————
	○ ———————————— ○ ————————————

Date: .... **Homework Planner**

Notes:

Date: .... **Homework Planner**

Subject	ASSIGNMENTS
	○ ——————————————— ○ ———————————————
	○ ——————————————— ○ ———————————————
	○ ——————————————— ○ ———————————————
	○ ——————————————— ○ ———————————————
	○ ——————————————— ○ ———————————————
	○ ——————————————— ○ ———————————————
	○ ——————————————— ○ ———————————————
	○ ——————————————— ○ ———————————————
	○ ——————————————— ○ ———————————————
	○ ——————————————— ○ ———————————————

Date: .... **Homework Planner**

Notes: _____

_____

_____

_____

_____

_____

_____

_____

_____

_____

_____

_____

_____

_____

_____

_____

_____

_____

_____

_____

_____

_____

_____

_____

_____

_____

Date: .... **Homework Planner**

Subject	ASSIGNMENTS
	⚬ —————————————— ⚬ ——————————————
	⚬ —————————————— ⚬ ——————————————
	⚬ —————————————— ⚬ ——————————————
	⚬ —————————————— ⚬ ——————————————
	⚬ —————————————— ⚬ ——————————————
	⚬ —————————————— ⚬ ——————————————
	⚬ —————————————— ⚬ ——————————————
	⚬ —————————————— ⚬ ——————————————
	⚬ —————————————— ⚬ ——————————————
	⚬ —————————————— ⚬ ——————————————

Date: .... **Homework Planner**

Notes: ———————————————————————

Date: .... **Homework Planner**

Subject	ASSIGNMENTS
	○ ——————————————————— ○ ———————————————————
	○ ——————————————————— ○ ———————————————————
	○ ——————————————————— ○ ———————————————————
	○ ——————————————————— ○ ———————————————————
	○ ——————————————————— ○ ———————————————————
	○ ——————————————————— ○ ———————————————————
	○ ——————————————————— ○ ———————————————————
	○ ——————————————————— ○ ———————————————————
	○ ——————————————————— ○ ———————————————————
	○ ——————————————————— ○ ———————————————————

Date: .... **Homework Planner**

Notes: _____

Date: .... **Homework Planner**

Subject	ASSIGNMENTS
	○ —————————
	○ —————————
	○ —————————
	○ —————————
	○ —————————
	○ —————————
	○ —————————
	○ —————————
	○ —————————
	○ —————————
	○ —————————
	○ —————————
	○ —————————
	○ —————————
	○ —————————
	○ —————————
	○ —————————
	○ —————————

Date: .... **Homework Planner**

Notes: _____

_____

_____

_____

_____

_____

_____

_____

_____

_____

_____

_____

_____

_____

_____

_____

_____

_____

_____

_____

_____

_____

_____

_____

_____

Date: .... **Homework Planner**

Subject	ASSIGNMENTS
	○ ———————————————— ○ ————————————————
	○ ———————————————— ○ ————————————————
	○ ———————————————— ○ ————————————————
	○ ———————————————— ○ ————————————————
	○ ———————————————— ○ ————————————————
	○ ———————————————— ○ ————————————————
	○ ———————————————— ○ ————————————————
	○ ———————————————— ○ ————————————————
	○ ———————————————— ○ ————————————————
	○ ———————————————— ○ ————————————————

Date: .... **Homework Planner**

Notes: _____

_____

_____

_____

_____

_____

_____

_____

_____

_____

_____

_____

_____

_____

_____

_____

_____

_____

_____

_____

_____

_____

_____

Date: .... **Homework Planner**

Subject	ASSIGNMENTS
	○ ——————————— ○ ———————————
	○ ——————————— ○ ———————————
	○ ——————————— ○ ———————————
	○ ——————————— ○ ———————————
	○ ——————————— ○ ———————————
	○ ——————————— ○ ———————————
	○ ——————————— ○ ———————————
	○ ——————————— ○ ———————————
	○ ——————————— ○ ———————————
	○ ——————————— ○ ———————————

Date: .... **Homework Planner**

Notes: _____

Date: .... **Homework Planner**

Subject	ASSIGNMENTS
	○ ———————————————— ○ ————————————————
	○ ———————————————— ○ ————————————————
	○ ———————————————— ○ ————————————————
	○ ———————————————— ○ ————————————————
	○ ———————————————— ○ ————————————————
	○ ———————————————— ○ ————————————————
	○ ———————————————— ○ ————————————————
	○ ———————————————— ○ ————————————————
	○ ———————————————— ○ ————————————————
	○ ———————————————— ○ ————————————————

Date: .... **Homework Planner**

Notes: _____

_____

_____

_____

_____

_____

_____

_____

_____

_____

_____

_____

_____

_____

_____

_____

_____

_____

_____

_____

_____

_____

_____

_____

_____

Date: .... **Homework Planner**

Subject	ASSIGNMENTS
	○ ——————————————————— ○ ———————————————————
	○ ——————————————————— ○ ———————————————————
	○ ——————————————————— ○ ———————————————————
	○ ——————————————————— ○ ———————————————————
	○ ——————————————————— ○ ———————————————————
	○ ——————————————————— ○ ———————————————————
	○ ——————————————————— ○ ———————————————————
	○ ——————————————————— ○ ———————————————————
	○ ——————————————————— ○ ———————————————————
	○ ——————————————————— ○ ———————————————————

Date: .... **Homework Planner**

Notes: _____

Date: .... **Homework Planner**

Subject	ASSIGNMENTS
	○ —————————————————— ○ ——————————————————
	○ —————————————————— ○ ——————————————————
	○ —————————————————— ○ ——————————————————
	○ —————————————————— ○ ——————————————————
	○ —————————————————— ○ ——————————————————
	○ —————————————————— ○ ——————————————————
	○ —————————————————— ○ ——————————————————
	○ —————————————————— ○ ——————————————————
	○ —————————————————— ○ ——————————————————
	○ —————————————————— ○ ——————————————————

CPSIA information can be obtained
at www.ICGtesting.com
Printed in the USA
LVHW012327210221
679514LV00007B/910

9 786657 376514